Alexander Holzach

Aquário
o signo curioso

De 21 de janeiro a 19 de fevereiro

O signo de aquário não é fácil de descrever.

Suas características mudam constantemente...

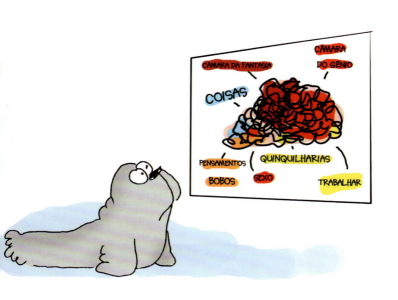

...e nem ele mesmo consegue ver por dentro de seu complexo cérebro.

Aquário pode parecer ausente nas conversas.

Mas, então.

...se pode ter certeza de que ele está tendo de novo uma grande ideia.

Aquário pode se aventurar num trabalho sem ter conhecimento prévio do projeto...

...e aí, por conta de seu talento empreendedor, comemorar um sucesso inesperado.

Para esse signo, todos são iguais.

Por isso, ele encontra com todos...

...à altura de seus olhos.

E tem sempre histórias tão boas pra contar...

...que desperta em todos um sorriso no rosto.

Aquário conhece novas pessoas rapidamente. Com frequência, fica muito entusiasmado do nada...

...mas, então, no momento seguinte, pode se entediar de novo.

Quando aquário não for o centro de uma conversa...

...certamente ele vai se fazer notar.

A solidão é como um deserto
inconsolável para aquário.

Nessa condição,
ele fica imprestável...

...e só floresce quando se sente
atrelado à vida de outros.

A família é o que mais importa para o signo de aquário

Depois, vêm os amigos...

...e, depois, por um tempo bem longo, nada.

O signo de aquário tende a...

...deixar de lado seus desejos.

Ele se contenta em saber que...

...os outros conseguem realizar seus sonhos.

Esse signo resolve dificuldades à sua maneira.

Se alguém chega com uma pequena preocupação, ele conta sobre uma grande. Por exemplo: acidentes terríveis...

...guerras violentas...

...ou logo a destruição do mundo.

 Até se sentirem novamente bem com seus pequenos problemas.

Quando não se concorda com o ponto de vista
de alguém de aquário e até se discute com ele...

...se perceberá, até mesmo sem palavras,

o quão ferido ele fica.

Às vezes, aquário se sente como se tivesse sido trocado quando criança.

Ele não está no lugar certo e se acha diferente de alguma forma.

Por isso, mesmo mais tarde na vida, ele anda com outros tipos que são um pouco fora da normal.

Com seu possível parceiro, aquário precisa primeiro estar na mesma onda...

...e ter altos papos...

...só depois ele poderá pensar em algo a mais.

No amor, o signo de aquário precisa ter seu espaço.

Se isso for aceito, o relacionamento certamente durará bastante.

Quem um dia já teve algo com alguém de aquário...

...sempre volta para ele.

Aquário ama viagens.

Ele se prepara bem.

Por isso, ele também se dá bem no estrangeiro.

Aquário gostaria muito de melhorar o mundo.

Então, se existissem gotas "contra a maldade"...

...certamente seriam inventadas por ele.

O signo de aquário tem um quê de viajante do tempo.

Ele tem um olhar para as mais novas tendências...

...e é sempre um pouco à frente do seu tempo.

Obstáculos que barram os outros...

...ele transpõe com muita sapiência.

É um decifrador inacreditavelmente talentoso.

...para depois brecar no meio.

Aquário conhece as leis e as regras...

...mas elas não lhe interessam muito.

Rotina é insuportável para esse signo.

O que outros apenas veem, ele quer viver.

Às vezes, o signo de aquário pode ser...

impaciente,

inacessível

e imprevisível.

Mas também é todo coração...

original,

divertido,

inventivo,

e mente aberta.

TÍTULO ORIGINAL *Der neugierige Wassermann*
© 2015 arsEdition GmbH, München – Todos os direitos reservados.
© 2017 VR Editora S.A.

EDIÇÃO Fabrício Valério
EDITORA-ASSISTENTE Natália Chagas Máximo
TRADUÇÃO Natália Fadel Barcellos
REVISÃO Felipe A. C. Matos
DIREÇÃO DE ARTE Ana Solt
DIAGRAMAÇÃO Balão Editorial

Dados Internacionais de Catalogação na Publicação (CIP)
(Câmara Brasileira do Livro, SP, Brasil)

Holzach, Alexander
Aquário: o signo curioso / Alexander Holzach; [tradução Natália Fadel Barcellos].
— São Paulo: VR Editora, 2017.

Título original: *Der neugierige Wassermann*

ISBN 978-85-507-0119-6

1. Astrologia 2. Horóscopos 3. Signos e símbolos I. Título.

17-04647   CDD-133.54

Índices para catálogo sistemático:
1. Horóscopos: Astrologia 133.54

Todos os direitos desta edição reservados à
VR EDITORA S.A.
Via das Magnólias, 327 - Sala 1 | Jd. Colibri
CEP 06713-270 | Cotia | SP
Tel.| Fax: (+55 11) 4702-9148
vreditoras.com.br | editoras@vreditoras.com.br

SUA OPINIÃO É
MUITO IMPORTANTE
Mande um e-mail para
opiniao@vreditoras.com.br
com o título deste livro
no campo "Assunto".

1ª edição, nov. 2017
2ª reimpressão fev. 2023
FONTES SoupBone e
KG Be Still And Know
IMPRESSÃO GSM
LOTE GSM070223